Hiltrud Pitz-Thissen

Fimo
Kneten, Modellieren, Backen

ENGLISCH VERLAG

Die Deutsche Bibliothek – CIP-Einheitsaufnahme
Fimo : Kneten, Modellieren, Backen / Hiltrud Pitz-Thissen. - Wiesbaden : Englisch, 1999
ISBN 3-8241-0926-3

© by Englisch Verlag GmbH, Wiesbaden 1999
ISBN 3-8241-0926-3

Titelbild: Frank Schuppelius; Fotos: Susanna Héraucourt-Multer
Printed in Spain

Die Ratschläge in diesem Buch sind von der Autorin und dem Verlag sorgfältig erwogen und geprüft, dennoch kann eine Garantie nicht übernommen werden. Eine Haftung der Autorin bzw. des Verlages und seiner Beauftragten für Personen-, Sach- und Vermögensschäden ist ausgeschlossen.

Inhaltsverzeichnis

Vorwort

Fimo ist eine leicht zu handhabende und vielseitige Modelliermasse, die sich im eigenen Backofen härten lässt. Das Material gibt es in vielen verschiedenen Farben, die untereinander mischbar sind, mit Glitter-Effekt, transparent oder mit Millefiori-Dekor.

Das kreative Arbeiten mit Fimo macht nicht nur Spaß, sondern das Formen und Kneten der Modelliermasse

kann gleichzeitig Beruhigung und Entspannung nach einem anstrengenden Arbeitstag bedeuten.

Viele Gegenstände, die alt und abgenutzt aussehen, wie z. B. ein in der Spülmaschine unansehnlich gewordenes Glas oder ein schlichtes, ungenutztes Tablett, lassen sich auf diese Weise verschönern und finden wieder Verwendung. So lassen sich mit Fimo zauberhafte Geschenkideen wie Schlüsselanhänger und Zierkorken oder schillernd

bunte Windlichter herstellen. Zudem kann man mit Fimo, dem individuellen Geschmack entsprechend, im Handumdrehen zu jedem Kleidungsstück ein passendes Schmuckstück herstellen. Der Kreativität und Phantasie sind hierbei keine Grenzen gesetzt.

Viel Spaß beim Modellieren wünscht Ihnen Ihre

Hiltrud Pitz-Thissen

5

Material und Werkzeug

Zum Modellieren der vorgestellten Fimo-Objekte benötigen Sie folgendes Material und Werkzeug:

- Fimo
- Fimo Millefiori
- Fimo Mix Quick
- Fimo-Glanzlack oder Fimo-Mattlack
- Metallic-Farbpuder
- Klebstoff
- Backofenthermometer
- Modellierwerkzeug
- Glasplatte
- Messer und Cutter
- Draht
- Backpapier
- Nudelmaschine
- Schaschlikspieße, Holzstäbchen oder Stricknadeln
- Ausstechförmchen und Modellierförmchen
- Draht oder Holzstäbchen
- Teflonrolle oder glatte Glasflasche
- evtl. Nudelmaschine
- Lineal
- Blattgold, Anlegemilch, Schelllack
- Korken, Gläser, Lederbändchen etc.

Fimo ist eine bunte Modelliermasse, die sich im Backofen bei ca. 130 Grad Celsius in 25 bis 30 Minuten härten lässt.

Fimo Classic ist in 24 Farben erhältlich, die sich untereinander mischen lassen, sodass unendlich viele Farbvariationen möglich sind. Jeder Fimo-Block ist in 8 Portionen unterteilt, sodass individuelle Farbmischungen problemlos angefertigt werden können. Fimo Soft ist besonders leicht zu kneten und somit schnell modellierfähig, sodass gerade Anfänger oder Kinder einen schnellen Erfolg erzielen. Zusätzlich zu den 24 Basisfarben gibt es noch Effektfarben, d.h. Leuchtfarben, Metallfarben, Steinfarben und Transparentfarben. Fimo Classic und Fimo Soft lasssen sich auch untereinander mischen.

Nach dem Härten im Backofen ist Fimo abwaschbar und wasserundurchlässig. Mit Fimo-Glanzlack oder Fimo-Mattlack können die Fimo-Arbeiten anschließend mit einer schützenden Schicht versehen werden und die leuchtenden Farben werden noch brillanter.

Grundanleitung

Vor dem Verarbeiten wird Fimo so lange geknetet, bis es elastisch und leicht formbar ist. Schneiden Sie hierzu kleine Stücke von dem Fimo-Block ab und kneten Sie diese in der Hand weich. Die Handwärme lässt das Material schnell geschmeidig werden. Altes und brüchig gewordenes Fimo kann durch das Einmischen von Mix Quick, einer speziellen Knethilfe, wieder leichter verarbeitet werden.

Wichtig ist, besonders beim Arbeiten mit hellen Farben und mit Fimo-Transparent, dass Ihre Hände immer sauber sind.

Durch **Mischen der Grundfarben** sind weitere Farbvarianten möglich. Entweder kneten Sie Fimo-Stücke von zwei unterschiedlichen Farben so lange zusammen, bis ein einheitlicher Farbton entstanden ist, oder Sie formen Rollen aus zwei Farbtönen und drehen diese zu einer Kordel zusammen. Danach wird die Kordel zu einer Platte ausgerollt, die Platte erneut zu einer Rolle geformt und anschließend ausgewalzt. Wenn Sie diesen Vorgang einige Male wiederholen, vermischen sich die beiden Farbtöne so miteinander, dass ein neuer Farbton entsteht; z.B. lässt sich aus Magenta und Ultramarinblau ein Lila herstellen oder Hellgrün entsteht aus weißem und grünem Fimo. Möchten Sie Farbverläufe herstellen, mischen Sie, z. B. für Orange, zunehmend mehr Gelb zu rotem Fimo (siehe Motiv „Windlicht Papagei").

Wenn das Fimo weich geknetet ist, kann es geformt und modelliert werden. Mit unterschiedlichem Modellierwerkzeug kann die Oberfläche bearbeitet und strukturiert werden. Für viele Vorschläge benötigen Sie **Fimo-Platten**, aus denen sich auch verschiedene andere Formen arbeiten oder ausstechen lassen. Als Arbeitsunterlage beim Ausrollen zu Platten, Strängen, Rollen usw. eignen sich Glasplatten, auf denen Sie auch, im Gegensatz zu Kunststoffunterlagen, Ihre Fimo-Arbeiten zum Brennen in den Ofen schieben können. Nach dem Erkalten lässt sich das Fimo leicht von der Glasplatte lösen. Ausgerollt werden Fimo-Platten mit einer Teflonrolle, Sie können statt der Teflonrolle aber auch eine Flasche, ein Glas oder einen runden Bleistift mit jeweils glatter Oberfläche verwenden. Mit einer Nudelmaschine lassen sich Fimo-Platten und -Streifen mühelos und schnell in genau zu bestimmenden Größen und Breiten herstellen. Dennoch ist die Maschine nicht unbedingt notwendig.

Mit Fimo-Platten lassen sich z. B. Gläser oder Windlichter verkleiden. Das Fimo wird zuerst dünn ausgerollt und dann auf den zu verzierenden Gegenstand gelegt. Nun werden die sich überlappenden Teile abgeschnitten und die Ränder und Kanten mit dem Finger verstrichen. Zum Herstellen von **Perlen** formen Sie aus Fimo eine entsprechend große Kugel, deren Oberfläche Sie weiterhin mit Fimo verzieren können. Mit einem Holzstäbchen oder einem Draht durchstoßen Sie die Kugel bzw. den Zylinder, um die Perle später auffädeln zu können. Um eine metallisch glänzende Oberfläche zu erzielen, können Sie Fimo mit **Metallic-Farbpuder** bestäuben. Das Auftragen des Pulvers mit Hilfe eines Pin-

sels schließt die Oberfläche des Fimo und macht sie so glatt, dass nichts mehr daran haftet. Tragen Sie deshalb das Pulver immer nur unmittelbar vor dem Härten auf, wenn Sie sicher sind, keine weiteren Elemente aufmodellieren zu wollen.

Zum **Härten der Modelliermasse** stellen Sie Ihren Backofen auf 130 Grad Celsius ein. Prüfen Sie die eingestellte Temperatur mit dem Backofenthermometer. Die Temperatur darf nicht zu hoch sein, da sich bei zu hoch gebranntem Fimo die Farben verdunkeln. Nun geben Sie den fertig modellierten Gegenstand auf einer geeigneten Unterlage, z.B. Alu-Folie oder einer Glasplatte, in den Ofen. Nach ca. 25 bis 30 Minuten ist das Fimo ausgehärtet und kann herausgenommen werden. Nach dem Erkalten ist der endgültige Härtegrad erreicht, d.h. der Gegenstand kann weiterverarbeitet werden, z.B. mit einer Lackierung.
Mit Fimo verziertes Glas, Porzellan oder ähnliches Material sollte in den kalten Backofen gestellt werden, damit es sich langsam auf die Endtemperatur erwärmen kann und Schäden am Material vermieden werden. In diesem Fall ist die Aufwärmzeit der eigentlichen Härtezeit hinzuzurechnen. Zum Härten von Perlen stellen Sie zwei gleich große Gläser in den Ofen und hängen die Perlen auf einem Holzspieß aufgereiht dazwischen.

So vermeiden Sie Druckstellen und Unregelmäßigkeiten an den Perlen.

Marmorieren

Eine reizvolle Technik ist das Marmorieren. Formen Sie Fimo in zwei Farbtönen zu schmalen Rollen und verdrehen Sie diese zu einer Kordel.

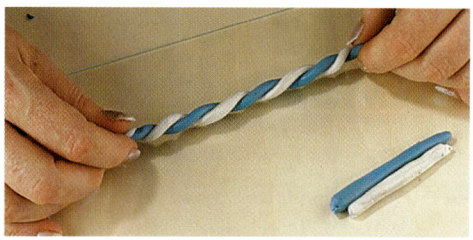

Danach wird die Kordel mit der Teflonrolle oder einer Flasche zu einer Platte ausgerollt.

Um die Marmorierung noch feiner zu gestalten, wird die Platte erneut zu einer Rolle geformt und anschließend ausgewalzt. Wenn Sie diesen Vorgang zu oft wiederholen, vermischen sich die beiden Farbtöne so miteinander, dass die Marmorierung wieder verschwindet.

Die Millefiori-Technik

Millefiori ist als Fertigprodukt im Fachhandel erhältlich, es kann aber auch selbst in vielen verschiedenen Variationen hergestellt werden. Bei dieser Technik, sowie bei allen anderen feineren Arbeiten, empfehle ich Fimo Klassik, da sich die erzeugten Muster nicht so schnell vermischen.

Formen Sie aus weich geknetetem Fimo einer Farbe eine dünne Rolle und aus andersfarbigem Fimo vier dünne Rollen. Fertigen Sie nun aus einer dritten Farbe ca. 2-3 mm dicke Platten, die Sie auf die Länge und den Umfang der Rollen zuschneiden. Legen Sie die Fimoplatte so um die fünf Rollen, dass diese wie ein Mantel umgeben werden. Ordnen Sie die Rollen so an, dass in der Mitte die andersfarbige Rolle liegt. Die fünf Rollen werden nun nacheinander mit weiteren Fimoplatten ummantelt. Anschließend können dünne Scheiben (2 - 3 mm dick) von der Rolle abgeschnitten und weiterverarbeitet werden.

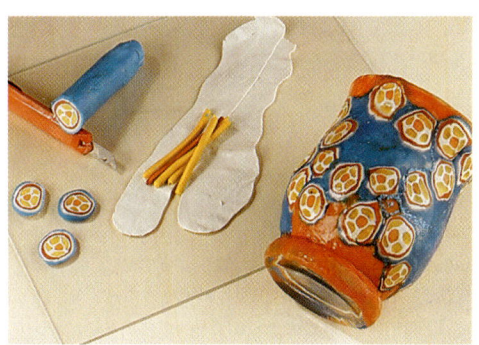

In unserem Beispiel wurden Millefiori-Scheiben zusammen mit blauem und orangefarbenem Fimo ausgewalzt. Dabei kann an einigen Stellen etwas Glitter miteingearbeitet werden.

Aufwendigere Millefiori-Muster entstehen, wenn Sie die Rolle zu einem ca. 50 cm langen Strang ausrollen und diesen in vier gleich lange Teile schneiden. Diese werden so angeordnet, wie auf dem Foto ersichtlich, und zu einer neuen Rolle geformt. Rollen Sie die Stücke so lange zwischen den Händen bzw. auf einer glatten Fläche, bis sich eine Rolle mit glatter Oberfläche bildet. Von dieser Rolle können nun dünne Millefiori-Scheiben abgeschnitten werden.

Mit Millefiori-Scheiben lassen sich auf einfache Weise Perlen verzieren. Formen Sie hierfür aus weißem Fimo eine entsprechend große Kugel oder verwenden Sie eine zylindrische Form, auf deren Oberfläche Sie die Scheiben legen. Die Scheiben werden durch Rollen der Kugel oder des Zylinders auf einer glatten Fläche eingearbeitet. Mit einem Holzstäbchen oder einem Draht durchstoßen Sie schließlich die Kugel, um die Perle später auffädeln zu können, und härten sie gemäß Anleitung S. 8.

Tipp:

Sachgerecht aufbewahrtes Fimo (z. B. in Polyäthylenbeuteln, in Alu-Folie oder in Blechdosen) kann immer wieder weich geknetet und modelliert werden.

Originelle Geschenkideen

Schlüsselanhänger

Material für die Bärchen:
- Fimo in Metallic-Blau und Metallic-Grün
- Modellierform „Bärchen"
- Draht
- Schlüsselanhänger
- Fimo-Glanzlack

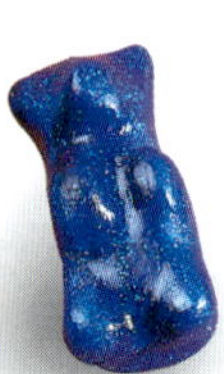

Anleitung:

Im Fachhandel erhalten Sie eine Modellierform mit Bärchenmotiv, die Ihnen das Herstellen der lustigen Schlüsselan-hänger vereinfacht, Sie können die Bärchen aber auch mit der Hand modellieren. Drücken Sie das Fimo in die Form und nehmen Sie es anschließend wieder heraus. Arbeiten Sie ein ca. 6 cm langes Stück Draht mit ein, von dem nur eine kleine Schlaufe zu sehen ist. Nachdem das Bärchen im Backofen gehärtet wurde, befestigen Sie den Schlüsselanhänger an der Drahtschlaufe. Zuletzt kann das Fimo mit Glanzlack überzogen werden.

Material für das Herz:
- Fimo in Grün
- Fimo Millefiori Motiv Katze
- Lederband
- Ring

Anleitung:
Formen Sie aus grünem Fimo ein Herz und schneiden Sie 3 etwa 2 mm dicke Scheiben von der Millefiori-Rolle ab. Legen Sie diese Scheiben auf das Herz und verstreichen Sie das Fimo vorsichtigt mit dem Finger, sodass die Oberfläche wieder glatt wird. Vor dem Brennen bohren Sie ein Loch, z. B. mit einer Stricknadel, durch das Herz.

Nach dem Aushärten wird das Lederband mit dem Ring durchgezogen und unterhalb des Herzens verknotet.

Zierkorken „Obst" und „Rose"

durch Einarbeiten von Dellen und Rillen erzeugt. Für die halbierten Früchte stellen Sie der Abbildung gemäß jeweils dünne Scheiben aus gelbem bzw. orangefarbenem Fimo her und setzen für die Adern des Fruchtfleisches weißes Fimo dazwischen. Mischen Sie sich für die Blätter bzw. die Grundplatte einen grünen Farbton aus Marineblau und Grün bzw. Gelb und Grün (s. Anleitung S. 7). Nun werden die Früchte aneinander gesetzt.
Mischen Sie für die Rose Orange und Rot, rollen Sie einen dünnen, ca. 3 cm langen und 1 cm hohen Streifen aus

Material für das Obst:
- Fimo in Gelb, Orange, Weiß, Marineblau und Grün

Material für die Rose:
- Fimo in Orange, Rot und Dunkelgrün
- Korken

Anleitung:
Formen Sie die Orange und die Zitrone, wie in der Abbildung zu sehen, die Oberflächenstruktur der äußeren Haut wird mit einem Modellierstäbchen

und drehen Sie daraus eine Spirale. Um diese Spirale herum arrangieren Sie ca. 15 entsprechend große Blütenblätter. Anschließend werden die äußeren Blätter modelliert und befestigt.
Drücken Sie die Zitrone, die Orange und die Rose auf einen Korken und härten Sie die Verschlüsse anschließend, jedoch ohne den Korken, im Backofen. Nach dem Aushärten können die Flaschenverschlüsse auf die Korken geklebt werden.

Fimo-Kerze

Material:
- Fimo in Weiß, Metallic-Grün und Metallic-Blau
- Kerzen-Gel in Blau
- kleine transparente Glasperlen
- 1 Glas

Anleitung:
Marmorieren Sie, wie in der Anleitung S. 8 beschrieben, die Farben Weiß, Metallic-Grün und Metallic-Blau ineinander und formen Sie kleine Kügelchen. Anschließend werden die Kugeln im Backofen gehärtet. Bedecken Sie den Boden des Wasserglases mit den Glasperlen und füllen Sie langsam das Kerzen-Gel ein. Richten Sie sich hierbei nach den Angaben des Herstellers. Nach und nach werden die Fimokugeln eingelegt. Zuletzt wird der Docht in das noch flüssige Kerzen-Gel gehängt. Sollten die unteren Schichten des Gels schon zu fest sein, können Sie ein Loch mit einer Stricknadel vorbohren.
Warnhinweis: Vermeiden Sie es, die Dekorationsartikel direkt neben den Docht zu legen, damit sie beim Abbrennen der Flamme unbeschädigt bleiben.

Platzieren Sie sie immer nah an der Glaswandung, so kommen sie auch in dem Kerzen-Gel besser zur Geltung. Beachten Sie beim Abbrennen der Kerze, dass Sie sie auf eine nicht entflammbare Unterlage stellen, da sich das Glas nach längerer Brenndauer aufheizen kann. Löschen Sie die Flamme immer, bevor diese die eingetauchten Dekorationsartikel erreicht, damit diese nicht anbrennen können. Lassen Sie die Kerze nicht unbeaufsichtigt abbrennen.

Osterei

Material:
- Fimo in Hellgrün, Mint, Blau, Flieder, Blaugrün und Schwarz
- ein ausgeblasenes Ei
- Streichholz und Nähgarn

Anleitung:
Hier wurde ein echtes Hühnerei in der Millefiori-Technik ummantelt, ein Ei aus Kunststoff würde im Ofen schmelzen.
Blasen Sie das Ei aus und waschen Sie es innen und außen ab, sodass keine Eigelb- und Eiweißreste verbleiben.

Rollen Sie nun aus Hellgrün, Mint, Blau, Flieder und Blaugrün ca. 5 mm dicke Rollen aus und ummanteln Sie diese jeweils mit schwarzem Fimo (siehe Anleitung S. 9). Drücken Sie die Rollen zu einer dicken Rolle zusammen, schneiden Sie von dieser Rolle dünne Scheiben ab, setzen Sie sie zu einer Platte zusammen und walzen Sie sie aus.

Mit dieser Platte wird anschließend das Ei vorsichtig dekoriert und zum Schluss im Backofen gehärtet. Knoten Sie zuletzt einen Faden an ein kleines Stück Streichholz und schieben Sie es in das obere Loch des Eies.

13

Kantenhocker

Material:
- Fimo in Weiß, Grün und Rot
- wasserfeste Stifte (z.B. Terrakotta-Pen)
- Draht
- Holz
- Fimo-Mattlack

Anleitung:
Modellieren Sie um ein Stück Holz mit weißem Fimo den Entenkörper. Stellen Sie dafür das Holz so auf eine Kante, dass Sie den heruntergebeugten Kopf problemlos formen können.

Anschließend wird aus rotem und grünem Fimo die Rose separat geformt, indem Sie einen dünnen Streifen ausrollen und daraus eine Spirale drehen. Um diese Spirale herum arrangieren Sie ca. 15 entsprechend große Blütenblätter. In die Rose wird ein Stück Draht zur Stabilität miteingearbeitet. Beim Brennen sollte die Ente ebenfalls auf einer Kante sitzen.

Nach dem Brennen wird die Rose in den Schnabel der Ente geklebt und diese bemalt und lackiert.

Phantasievoller Schmuck

Kettenanhänger mit Blattgold

Material:

- Fimo in Schwarz und Granit
- Fimo Millefiori Motiv Rose und Blume
- Blattgold
- Anlegemilch
- Schelllack
- Kautschuk-Kette oder Lederband mit Verschluss

Anleitung:

Formen Sie aus schwarzem bzw. granit-farbenem Fimo den Anhänger, legen Sie dünne Millefiori-Scheiben darauf und verstreichen Sie das Fimo vorsichtig mit dem Finger, sodass die Oberfläche wieder glatt wird. Vor dem Brennen bohren Sie ein Loch, z. B. mit einem Holzstäbchen, durch die Anhänger. Anschließend werden sie mit Blattgold verziert, indem Sie die Anlegemilch auftragen und nach der angegebenen Trockenzeit (siehe Herstellerangaben) Blattgold mit der Hand auflegen. Nach ca. 2 Stunden wird das überschüssige Blattgold mit einem Pinsel abgerieben und die Kettenanhänger mit Schelllack versiegelt.

Kette und Ohrringe in Rot und Mint

Material:
- Fimo in Weiß, Mint, Rot-Metallic
- Fimo Millefiori Motiv Blümchen
- Ohrringe
- Kettendraht
- Kettenverschluss

Anleitung:
Ummanteln Sie sieben, aus weißem Fimo geformte Perlen mit etwa 2 mm dicken Millefiori-Scheibchen. Aus Rot-Metallic formen Sie, wie in der Abbildung ersichtlich, 4 Scheiben und 4 Perlen. Für die Ohrringe formen Sie aus weißem und mintfarbenem Fimo zwei Perlen, aus rotem Fimo zwei Tropfen und zwei kleine Perlen mit einem Durchmesser von 5 mm. Stechen Sie mit Draht Löcher in die Perlen. Biegen Sie vor dem Brennen für jeden Ohrring einen 5 cm langen Draht, der an einem Ende eine Öse bildet. Schieben Sie den Draht durch den gesamten Ohrring und schneiden Sie ihn am anderen Ende ab. Nach dem Aushärten werden an den Ösen die Ohrringe befestigt, die Perlen auf den Silberdraht gefädelt und der Kettenverschluss angebracht.

Schmuck mit Punkten

Material:
- Fimo in Blau-Metallic, Blau, Rot und Weiß
- Lederband
- Kettenverschluss
- Ohrringe
- Ring (Rohling)
- Fimo-Klarlack

Anleitung:
Stellen Sie die Perlen in der Millefiori-Technik her, wie auf Seite 9 beschrieben. Rollen Sie dafür aus allen Farben dünne Rollen und ummanteln Sie diese jeweils mit weißem Fimo. Diese Rollen werden zu einer dicken Rolle zusammengefasst, von der anschließend Scheiben abgeschnitten werden. Fertigen Sie nun weiße Kugeln und dekorieren Sie sie mit den Millefiori-Scheiben. Anschließend werden die Kugeln durchstochen. Bei den Ohrringen und dem Ring setzen Sie auf die blauen Stellen ein winziges Stückchen Metallic-Blau. Anschließend wird das Fimo im Backofen gehärtet. Ein interessanter Kontrast entsteht, wenn Sie die Millefiori-Perlen lackieren und die blauen unlackiert lassen.

Blaue Kette mit Blattgold

Material:

- Fimo in Mittel- und Dunkelblau und Weiß
- Blattgold
- Anlegemilch
- Schelllack
- Seidenband
- Kettenverschluss

Anleitung:

Marmorieren Sie die beiden Blautöne ineinander und formen Sie, wie aus der Abbildung ersichtlich, 11 Perlen in unterschiedlichen Größen. Durchstoßen Sie mit einem Holzspieß die Perlen, sodass sie Löcher erhalten. Nach dem Härten im Backofen legen Sie partiell Blattgold auf. Tragen Sie die Anlegemilch auf und legen Sie nach einer Trockenzeit (siehe Herstellerangaben) Blattgold mit der Hand auf. Nach ca. 2 Stunden wird das überschüssige Blattgold mit einem Pinsel abgerieben und die Perlen mit Schelllack lackiert.

Schmuck für Seidentücher

Material:
- Fimo in Weiß, Blau, Türkis (Steinfarbe) und Granit
- wasserfester Filzstift in Hellblau
- Goldmetallicpuder
- Glasmuschel

Anleitung:
Formen Sie aus weißem und granitfarbenem Fimo eine Eule und setzen Sie den Schnabel aus hellblauem Fimo an. Für das Muschelobjekt drücken Sie die Muschel aus Kunststoff in ein türkisfarbenes Stück Fimo, sodass ein Abdruck entsteht. In diesen Muschelabdruck tragen Sie etwas Goldpuder mit dem Pinsel auf. Bohren Sie anschließend mit einem runden Kugelschreiber oder Bleistift ein großes Loch (Durchmesser ca. 3 cm) in die Objekte, sodass das Seidentuch nach dem Aushärten durchgezogen werden kann. Nach dem Brennen im Backofen wird die Muschel mit etwas Klebstoff bestrichen, in den Schmuckanhänger gedrückt und die Augen der Eule aufgemalt.

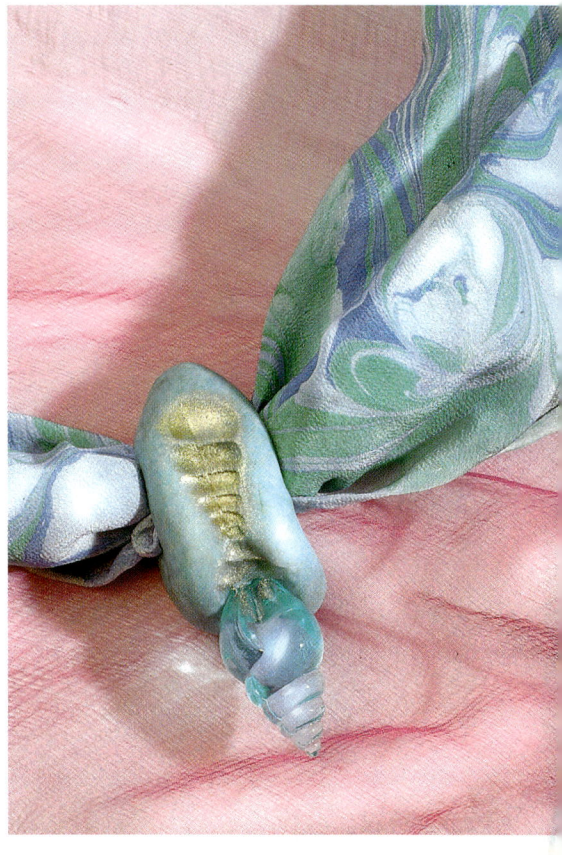

Windlichter und Gläser

Windlicht in Blaugrün

Material:
- Fimo in Blau transparent, Grün transparent und Blau
- Ausstechform
- 1 Glas

Anleitung:
Rollen Sie eine Fimo-Platte mit einem Farbverlauf von Blau transparent nach Grün transparent aus (siehe Anleitung S. 7). Markieren Sie mit einem Filzstift am Glasboden und am oberen Glasrand den Anfang und rollen Sie das Glas von dort einmal auf der Fimo-Platte ab, bis Sie wieder die Markierung erreichen.

Dies ist besonders bei konisch geformten Gläsern wichtig. Schneiden Sie nun entsprechend der Glasgröße die Fimo-platte aus.
Mit einem Cutter oder einer Ausstech-form schneiden Sie Kreise, Dreiecke usw. aus, diese Motive werden auch aus einer blauen Fimoplatte ausgeschnitten. Platzieren Sie nun die blaugrüne Platte auf dem Glas und füllen Sie die auf dem Glas entstandenen Lücken mit den in Blau ausgestochenen Formen. Verstreichen Sie die Kanten und Übergänge mit den Fingern und härten Sie das Glas im Backofen.

Windlicht aus Fimo und Window-Color

Material:
- Fimo in Gelb, Orange, Rot, Blau, Grün und Flieder
- Window-Color Kristallklar
- 1 Glas

Anleitung:
Formen Sie eine Rolle aus rotem Fimo und ummanteln Sie diese anschließend nacheinander mit orangefarbenem, gelbem, grünem, blauem und flieder- farbenem Fimo. Schneiden Sie von die- ser Rolle dünne Scheiben ab und deko- rieren Sie sie auf dem Glas.

Nach dem Härten setzen Sie mit Win- dow-Color kleine Pünktchen auf das Glas.

Buntes Windlicht

Material:
- Fimo in Gelb, Orange, Rot, Blau, Grün und Schwarz
- 1 Glas

Anleitung:
Formen Sie aus gelbem, orangefarbe- nem, rotem, blauem und grünem Fimo je eine ca. 8 mm starke Rolle und um-

manteln Sie jede mit Schwarz (siehe Anleitung S. 9). Arrangieren Sie die einzelnen Stränge zu einer neuen Rolle und verkneten Sie sie. Schneiden Sie anschließend 2 mm dünne Scheiben ab und stellen Sie davon eine Platte her, indem Sie die einzelnen Scheiben dicht nebeneinander auf eine Glasscheibe legen und

mit der Teflonrolle glattrollen. Erstellen Sie für das Windlicht ein Schnittmuster des Glases (vgl. Anleitung „Windlicht in Blaugrün", S. 20) und legen Sie die entsprechend groß ausgeschnittene Platte um das Glas herum.

Zuletzt wird das Windlicht im Backofen gehärtet.

Mosaik-Windlicht

Material:

- Fimo in Rot, Gelb, Orange, Blau, Grün und Türkis
- Gießpulver (z. B. Ceramofix)
- Fimo-Klarlack
- 1 Glas

Anleitung:

Vermischen Sie die angegebenen Farben, sodass wie auf der Abbildung ersichtlich, Mischtöne entstehen. Rollen Sie ca. 2-3 mm dicke Platten aus und schneiden Sie daraus rechteckige und

dreieckige Stücke. Legen Sie nun die in Farbe und Form verschiedenen Plättchen mit etwa 1 mm Abstand direkt auf das Glas und drücken Sie sie gut an. Für den oberen und unteren Rand verwenden Sie einen entsprechend langen Streifen Fimo. Das fertig belegte Glas härten Sie im Backofen.

Nachdem das Fimo erkaltet ist, wird das Gießpulver mit Wasser cremig gerührt und in die Zwischenräume der Fimo-Mosaiksteinchen gestrichen. Überschüssiges Gießpulver können Sie grob mit den Fingern abwischen. Nach etwa 10 Minuten kann die Oberfläche mit einem angefeuchteten Tuch vorsichtig gesäubert werden.

Zuletzt wird das Windlicht mit Fimo-Klarlack überzogen.

Windlicht „Papagei"

Material:
- Fimo in Transparent, Gelb transparent, Rot transparent, Blau transparent, Orange transparent und Grün transparent
- 1 Windlicht

Anleitung:
Fertigen Sie zunächst eine Skizze für den Papagei und die Borte an und übertragen Sie diese mit einem Filzstift auf eine transparente Folie, z.B. auf eine Prospekthülle. Für den Papagei mischen Sie für den Schnabel Grün und Gelb, für die Brust Gelb und Orange. Rollen Sie nun alle Farben zu jeweils einer Platte (ca. 2-3 mm dick) aus. Legen Sie Ihre Motivvorlage auf eine der ausgerollten Fimo-Platten, z.B. auf die gelbe Platte. Mit dem Modellierstab fahren Sie die Konturen aller Elemente nach, die gelb werden sollen. Nehmen Sie die Folie ab und schneiden Sie die markierten Teile aus. Entsprechend verfahren Sie mit den weiteren Farben. Die ausgeschnittenen Teile legen Sie entsprechend Ihrer Skizze auf ein Backpapier und drücken sie gut an. Zwischen die einzelnen Farben platzieren Sie, wie in der Abbildung zu sehen, winzige Röllchen in Schwarz und rollen noch einmal über das Bild. Die Ränder des Glases werden ebenso hergestellt, Sie können aber auch fertige Millefiori-Rollen verwenden.

Tragen Sie anschließend die Fimo-Platten auf das Glas auf und verstreichen Sie die Kanten und Ränder. Anschließend wird das Windlicht im Backofen gehärtet.

Vasen und Dosen

Schmuckdose

Material:
- Fimo in Grau und Weiß
- Metallicpuder in verschiedenen Farben
- Metallstanzteile in Baum- und Schwanform
- 1 Blechdose (Bonbondose)

Anleitung:
Ummanteln Sie den Dosendeckel einer Blechdose mit grauweißem Fimo und ritzen bzw. prägen Sie mit einem Modellierstab eine Landschaft ein.

Anschließend wird die Landschaft mit dem Metallicpuder farbig gestaltet (siehe Anleitung S. 7). Nun können die Metallstanzteile aufgeklebt werden und das Fimo wird im Backofen gehärtet.

Vase und Schale „Strandgut"

Material:
- Fimo in Dunkelblau, Blau und Weiß
- Muscheln
- 1 Modellierform Seestern
- Glaskugeln
- Knoblauchpresse
- 1 Vase
- 1 Schale

Anleitung:
Kleben Sie die Muscheln und Glaskugeln mit Klebstoff auf die Vase und die Schale. Marmorieren Sie das Fimo und legen Sie die dünn ausgewalzte Platte um die Muscheln herum.
Für die dünnen Stränge wird sehr weich geknetetes weißes Fimo durch eine Knoblauchpresse gedrückt. Zusätzlich wird

eine dünne Rolle weißes Fimo und eine aus blauem Fimo verdreht, ebenfalls aufgelegt und angedrückt.

Drücken Sie die dunkelblaue Modelliermasse in die Seestern-Form und befesti-

gen Sie den Seestern auf der Schale. Überprüfen Sie nach dem Aushärten, ob die Fimo-Elemente gut am Porzellan haften, ansonsten können Sie sie mit Klebstoff festkleben.

Vase in Blau und Mint

Material:
- Fimo in 3 verschiedenen Blautönen, Mint, Grün und Schwarz
- 1 Glasvase

Anleitung:
Formen Sie aus den verschiedenen Blautönen, dem Mint und Grün je eine ca. 5 mm starke Fimorolle und ummanteln Sie diese mit Mint (siehe Anleitung S. 9). Die Rollen des unteren und oberen Drittels der Vase werden mit Schwarz ummantelt. Schneiden Sie nun von diesen beiden Millefiori-Rollen etwa 2 mm dünne Scheiben ab und stellen Sie davon eine Platte her, indem Sie die einzelnen Scheiben dicht nebeneinander auf eine Glasscheibe legen und mit der Teflonrolle glattrollen. Legen Sie diese Platte auf die Vase.

Den oberen und unteren Abschluss bildet jeweils ein mintfarbener Streifen. Verstreichen Sie mit dem Finger die Kanten, bis sich die Oberfläche glatt anfühlt, und härten Sie die Vase im Ofen.

Kleine Vase

Material:
- Fimo in Weiß, Braun, Grau, Rot, Blau und Schwarz
- Fimo Millefiori Motiv Stern
- Goldbronze-Pulver
- 1 Porzellanvase

Anleitung:
Mischen Sie die Farben Weiß, Braun und Grau und rollen Sie eine dünne Platte aus. Legen Sie auf die Platte Millefiori-Scheiben und rollen Sie die Platte erneut aus.

Belegen Sie nun die Vase mit dem Fimo, schneiden Sie überschüssige Modelliermasse ab und verstreichen Sie die Ränder.

Vor dem Härten wird teilweise Goldbronze-Pulver aufgelegt, um der Vase ein antikes Aussehen zu verleihen.

Dekorative Tabletts

Metall-Tablett

Material:
- Fimo in Weiß, Gelb, Blaugrün, Anthrazit-Metallic und Schwarz
- Metall-Tablett

Anleitung:
Formen Sie aus den verschiedenen Farben unterschiedlich starke Rollen und ummanteln Sie jede mit Schwarz (siehe Anleitung S. 9). Arrangieren Sie die einzelnen Stränge zu einer neuen Rolle und schneiden Sie anschließend 2 mm dünne Scheiben ab. Stellen Sie hiervon eine Platte her, indem Sie die einzelnen Scheiben dicht nebeneinander auf eine Glasscheibe legen und mit der Teflonrolle glattrollen. Legen Sie nun die Platte auf das Tablett und drücken Sie sie fest. Anschließend wird das Tablett im Ofen gehärtet.

Blaues Mosaik-Tablett

Material:
- Fimo in 3 verschiedenen Blautönen, Türkis und Grün
- Gießpulver (z. B. Ceramofix)
- Fimo-Klarlack
- ein blaues Tablett

Anleitung:
Rollen Sie aus den drei verschiedenen Blautönen, dem Türkis und dem Grün jeweils ca. 2-3 mm dicke Platten aus und schneiden Sie daraus rechteckige Stücke. Legen Sie die Plättchen zum Härten im Backofen auf Backpapier. Wenn das Fimo erkaltet ist, kleben Sie die Plättchen mit einem Abstand von 1 mm auf das Tablett. Anschließend wird das Gießpulver mit Wasser cremig gerührt und in die Zwischenräume der Fimo-Mosaiksteinchen gestrichen. Überschüssiges Gießpulver können Sie grob mit den Fingern abwischen. Nach etwa 10 Minuten kann die Oberfläche mit einem angefeuchteten Tuch vorsichtig gesäubert werden. Zuletzt wird das Tablett mit Fimo-Klarlack überzogen.

Tablett im Tiffany-Effekt

Material:
- Fimo transparent in 6 Farbtönen
- Fimo Millefiori Motiv Maikäfer und Sonne
- Holzrahmen in Schwarz

Anleitung:
Dieses Tablett besteht eigentlich aus einem Bilderrahmen, daher kann man es natürlich auch als Bild an die Wand hängen. Fertigen Sie zunächst mit einem Filzstift eine Motivvorlage auf einer transparenten Folie passend zur Größe des Rahmens an. Rollen Sie die verschiedenen Farbtöne zu jeweils einer Platte (ca. 2-3 mm dick) aus. Legen Sie Ihre Vorlage auf eine der ausgerollten Fimo-Platten, z. B. auf die rote Platte. Mit dem Modellierstab fahren Sie die Konturen aller Elemente nach, die rot werden sollen. Nehmen Sie die Folie ab und schneiden Sie die markierten Teile aus. Diese Teile legen Sie entsprechend Ihrer Vorlage auf Backpapier und drücken sie gut an. Verfahren Sie ebenso mit den anderen Farben. Wenn Sie Ihr Bild fertiggestellt haben, rollen Sie aus schwarzem Fimo dünne Schnüre. Durch Aufsetzen dieser Schnüre trennen Sie die Elemente optisch voneinander. Zusätzlich können Details aufgesetzt und dekoriert werden. Nach dem Härten kleben Sie das Fimo mit Klebstoff in den Holzrahmen ein. Die beiden Kuppelelemente werden genauso gearbeitet und zuletzt auf den Rahmen geklebt.